Primera Guerra Mundial

Lisa Zamosky

Créditos de publicación

Asesor de Historia
Jeff Burke, M.Ed.

Editoras
Wendy Conklin, M.A.
Torrey Maloof

Directora editorial
Emily R. Smith, M.A.Ed.

Editora en jefe
Sharon Coan, M.S.Ed.

Directora creativa
Lee Aucoin

Director de ilustración
Timothy J. Bradley

Editora comercial
Rachelle Cracchiolo, M.S.Ed.

Teacher Created Materials

5301 Oceanus Drive
Huntington Beach, CA 92649-1030
http://www.tcmpub.com
ISBN 978-1-4938-1665-1
© 2016 Teacher Created Materials, Inc.

Índice

Primera Guerra Mundial: La "Gran Guerra"

En 1914, comenzó una guerra en Europa. Las personas que vivían en aquel entonces la llamaron la Gran Guerra. En esta guerra, combatieron más naciones que en ninguna otra guerra anterior. Duró desde 1914 hasta 1918. Un total de 65 millones de soldados combatieron en esta guerra. Más de 19 millones de personas murieron alrededor del mundo. Es una de las mayores **catástrofes** de la historia mundial. Hoy en día, a esta guerra se le llama Primera Guerra Mundial.

Tropas británicas atacan las líneas alemanas cerca del puente de la Torre en Francia.

Los problemas que dieron origen a esta guerra se habían estado gestando desde hacía bastante tiempo. Algunos países se estaban volviendo muy ricos. En consecuencia, querían expandir sus territorios. Estos países de Europa tenían grandes ejércitos y marinas. Pero todavía necesitaban apoyo cuando intentaban tomar las tierras de otros países. Esto producía celos y conflictos entre las naciones.

Concentración de fuerzas

Para 1914, Alemania tenía más de ocho millones de soldados en su ejército. Rusia tenía cuatro millones de soldados y Francia tenía tres millones. Gran Bretaña acrecentó su marina. De hecho, la Marina británica prácticamente tenía el tamaño de todas las demás marinas juntas.

Un acontecimiento vergonzoso

En 1870, Francia estuvo en guerra con Alemania, pero perdió. Entonces Alemania se apoderó de dos **provincias** francesas. Los franceses se sentían muy avergonzados por esta pérdida. Esto les dio a los franceses un motivo para luchar contra Alemania.

¿Sabías que...?

El asesinato del archiduque Fernando fue el segundo atentado contra su vida ese día. Más temprano aquel día, habían lanzado una bomba contra su auto. Él la bloqueó con el brazo. Rebotó y dio contra el automóvil que venía detrás del automóvil del archiduque, dañándolo. La explosión hirió a las personas que iban en ese automóvil.

Un cheque en blanco

Alemania rápidamente tomó partido a favor de Austria-Hungría. Alemania prometió ayudarla de cualquier forma que necesitara. Algunos historiadores dicen que esto fue como darle a Austria-Hungría un cheque en blanco. Le dio a Austria-Hungría la confianza de declarar la guerra a Serbia.

Una enfermera estadounidense se queda para ayudar

Mary Borden viajaba por Europa en 1914 cuando estalló la guerra. En lugar de regresar a su país, se quedó para ayudar. Borden estableció y dirigió una unidad hospitalaria para ayudar a los soldados heridos. El gobierno francés la premió con una medalla por su valentía y trabajo arduo.

EUROPA 1914

La chispa que originó la guerra

Serbia, Grecia y Bosnia eran países que tenían una cosa en común. Habían luchado por la independencia del Imperio turco otomano. Pero la libertad no duró mucho para Bosnia. Bosnia está ubicada entre Serbia y Austria-Hungría. Desafortunadamente, estos dos países más grandes no se llevaban bien.

Muchos austriacos temían que Serbia atacara a Austria-Hungría. Entonces, el ejército austriaco se instaló en Bosnia.

Bosnia estaba ubicada en un lugar desafortunado. Estaba en medio de dos países enemistados.

Al archiduque Fernando y a Sofía les dispararon mientras iban camino a un hospital. Querían visitar a los hombres que habían resultado heridos en el atentado que había tenido lugar más temprano ese mismo día.

Desde allí, organizó la protección contra Serbia. A los bosnios no les agradó esto en absoluto. Bosnia dejó de ser un país libre. Muchos serbios estuvieron de acuerdo con Bosnia en que eso estaba mal.

El futuro rey de Austria-Hungría se llamaba archiduque Francisco Fernando. Él y su esposa Sofía viajaron a Bosnia. Una vez allí, un bosnio los **asesinó** a ambos. Sin embargo, este bosnio vivía en Serbia. Entonces, los líderes de Austria-Hungría culparon a Serbia de los asesinatos. Le impusieron exigencias irrazonables a Serbia. Los líderes de Serbia se sentían mal por los asesinatos, pero el país no podía hacer nada al respecto. En tan solo un mes, Austria-Hungría le declaró la guerra a Serbia.

Elección de bandos

Algunas de las naciones poderosas de Europa concentraron fuerzas militares. Después, se unieron a la guerra. Los alemanes querían ir a la guerra contra Francia y Rusia. Los alemanes creían que podían derrotar fácilmente a Francia. Sin embargo, les preocupaba hacer frente al inmenso Ejército ruso. Los rusos planeaban atacar Alemania oriental.

Gran Bretaña intentaba permanecer **neutral**. Mientras Alemania no atacara a Francia, los británicos no participarían en la guerra. El 3 de agosto de 1914, los alemanes le declararon la guerra a Francia. Las tropas alemanas se trasladaron hacia Bélgica al día siguiente. Francia estaba en riesgo. Gran Bretaña estaba decidida a detener a Alemania. Entonces, los británicos entraron a la guerra.

Para mediados de agosto de 1914, se podían distinguir claramente los dos bandos de Europa. Había dos grandes **alianzas**. Alemania y Austria-Hungría estaban en un bando. Se conocieron como las Potencias Centrales. En el otro bando estaban Gran Bretaña, Francia y Rusia. En conjunto, estos países se conocieron como las Fuerzas Aliadas o los Aliados.

Se unen otros

Japón e Italia se unieron a las Fuerzas Aliadas poco después de que comenzara la guerra. Turquía entró a la guerra y se unió a las Potencias Centrales.

Los estadounidenses pelean con los canadienses

El presidente Woodrow Wilson quería mantener a Estados Unidos fuera de la guerra. Sin embargo, 60,000 estadounidenses se ofrecieron como voluntarios para unirse a las tropas canadienses como parte de las fuerzas británicas en la guerra.

Una mujer se une a las filas

Flora Sandes era una enfermera británica que quería ayudar a combatir en la guerra. El Ejército serbio le permitió unirse a ellos como soldado. En muy poco tiempo, Sandes fue promovida a sargento mayor. Resultó herida durante la guerra, pero permaneció en el ejército. Cuando se retiró, era capitana.

Soldados vitorean ansiosos por ir a Francia y ayudar a combatir contra las fuerzas alemanas. A estos jóvenes les espera una difícil travesía.

Guerra de trincheras

Hace mucho tiempo, los enemigos se enfrentaban en campos de batalla planos. A comienzos del siglo xx, se abandonó ese tipo de lucha. Los soldados alemanes cavaron las primeras **trincheras** de la guerra. Una trinchera típica medía cerca de 10 pies (3 metros) de profundidad. Esto protegía a los soldados contra el fuego enemigo.

Batallas mortales

En esta guerra, se lucharon algunas batallas altamente mortales. Los alemanes lanzaron un ataque contra los franceses en una batalla cerca de Verdun, Francia. Se estima que un millón de soldados murieron o sufrieron heridas.

Soldados alemanes se preparan para combatir desde las trincheras

Las primeras batallas

En las primeras semanas de la guerra, el ejército alemán fue fuerte. Derrotó a las fuerzas francesas y británicas en Bélgica. Pero ya en el siguiente mes, las fuerzas alemanas estaban cansadas y perdían su fortaleza. Es en ese momento en que la batalla de Marne tuvo lugar en Francia. Esta batalla duró siete largos días. Las fuerzas francesas detuvieron a los alemanes y lograron que emprendieran la retirada.

Las tropas alemanas derrotan a los rusos en la batalla de
Tannenberg. La batalla duró cinco días en agosto de 1914.

El ejército ruso se **movilizó** rápidamente. Invadió Alemania
oriental y ganó la batalla de Gumbinnen el 20 de agosto de
1914. Más rusos atacaron a Alemania desde el sur. Los
alemanes tuvieron que movilizar rápidamente sus tropas para
protegerse.

Sin embargo, las tropas rusas no ganaron todas las batallas.
En Tannenberg, el ejército ruso perdió 125,000 hombres. Dos
semanas más tarde, los alemanes mataron 100,000 hombres
más de las tropas rusas. Las batallas posteriores entre estos
dos ejércitos fueron más parejas.

La guerra se extiende

Se abrieron nuevos **frentes** en toda Europa. Turquía intentó atacar a las Fuerzas Aliadas en el canal de Suez en Egipto. El ataque de Turquía no tuvo éxito. Esta área era importante para Gran Bretaña. Era un enlace para el transporte a las colonias británicas en la India y el Lejano Oriente.

El 25 de abril de 1915, las tropas de Gran Bretaña, Australia, Nueva Zelanda y Francia se unieron. Desembarcaron en una larga franja de tierra llamada península de Galípoli. Esto quedaba en Turquía. La batalla de Galípoli se tornó en una larga batalla de

Tropas desembarcan en el escabroso terreno de la península de Galípoli. Se encontraron con corrientes marinas fuertes, acantilados pronunciados, barrancos anchos y un pesado fuego enemigo.

Tropas británicas marchan a través de una densa vegetación en África Oriental.

África y China, ¿también en la guerra?

Las tropas aliadas atacaron las colonias alemanas de África. Más tarde, Japón tomó una ciudad **portuaria** controlada por los alemanes en China. Lo hicieron con la ayuda de tropas británicas e indias.

Deserción del ejército

El ejército ruso tuvo éxito en una serie de batallas contra las tropas austriacas y alemanas. Pero millones de soldados rusos murieron o sufrieron heridas. Para algunos rusos esto era algo que no podían soportar. Grandes cantidades de soldados rusos comenzaron a desertar del ejército.

trincheras. Hacía mucho calor en el verano y un frío glacial en el invierno. El clima creó condiciones terribles para las tropas. Para enero de 1916, las Fuerzas Aliadas se habían retirado. Más de 250,000 solados aliados habían muerto allí.

A los Aliados no les estaba yendo bien en la guerra. Alemania parecía imparable. Las tropas alemanas atacaron Serbia. Sacaron a los rusos de Polonia y de los tres **estados bálticos**. Les estaba yendo tan bien que comenzaron a planear un enorme imperio alemán en Europa oriental.

El hundimiento del *Lusitania*

El 1 de mayo de 1915, el *Lusitania*, un buque británico de pasajeros, partió de la ciudad de Nueva York. Unos días más tarde, un submarino alemán lanzó torpedos al *Lusitania*, lo que produjo el hundimiento del barco y la muerte de 1,198 pasajeros. Los estadounidenses estaban muy enojados, pero Estados Unidos no entró a la guerra.

Este U-Boot alemán se exhibió en Nueva York. U-Boots como este hundieron barcos enemigos disparándoles torpedos submarinos.

Los U-Boots

Lo submarinos alemanes se llamaban U-Boots. Esta es la abreviatura de la palabra alemana *unterseeboot* o barco submarino.

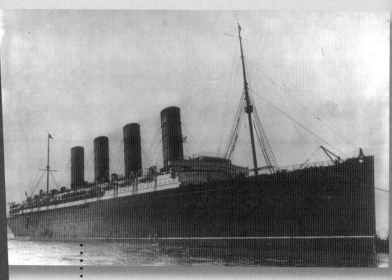

El *Lusitania* se hundió en tan solo 18 minutos. Se hundió frente a las costas de Irlanda.

Estados Unidos se acerca a la guerra

El presidente Woodrow Wilson no quería tomar partido en la guerra de Europa. Por el contrario, esperaba que Estados Unidos pudiera ayudar a finalizar la guerra de forma pacífica.

En febrero de 1915, Alemania anunció que consideraba que las aguas alrededor de Gran Bretaña eran una zona de guerra. La mayoría de los barcos que circulaba en esa zona transportaba **municiones** a Gran Bretaña. Estos materiales ayudaban a Gran Bretaña a combatir en la guerra. El gobierno alemán declaró que atacaría todos los barcos que se encontraran en esas aguas. Esto incluía los barcos estadounidenses. Esto se llamó guerra submarina sin restricciones. La medida provocó el enojo del presidente Wilson. Alemania se retractó de su amenaza porque no quería que Estados Unidos entrara a la guerra.

En enero de 1917, Alemania cambió de parecer. Comenzaron a aplicar la guerra submarina sin restricciones. Pensaron que era la única manera de ganar la guerra. En ese momento, el presidente Wilson rompió las conversaciones oficiales con Alemania.

Una nota famosa

Durante mucho tiempo, Estados Unidos intentó permanecer **imparcial**. Sin embargo, a principios de 1917, Estados Unidos se enteró de cierta información nueva. Los alemanes enviaron un telegrama codificado a México. Se le llamó el telegrama Zimmermann porque lo escribió un oficial alemán llamado Arthur Zimmermann. En él, Alemania alentaba a México a unirse a las Potencias Centrales. Los alemanes creían que se apoderarían de Estados Unidos después de la guerra. Entonces, prometieron darle a México tierras de Estados Unidos después de la guerra. Cuando los estadounidenses se enteraron del plan de Alemania, se enfadaron mucho. Estados Unidos entró a la guerra y se unió a los Aliados.

Los Aliados se alegraron de tener a Estados Unidos de su lado. Antes de eso, parecía que la guerra nunca terminaría. El general John Pershing dirigió la primera unidad estadounidense hacia Francia y Bélgica. Su **batallón** de soldados desfiló en París. Los soldados eran jóvenes y no estaban listos para la guerra. Aun así, fueron recibidos como héroes por miles de ciudadanos franceses.

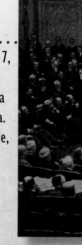

El 2 de abril de 1917, el presidente Wilson pidió al Congreso una declaración de guerra. Cuatro días más tarde, Estados Unidos le declaró la guerra a Alemania.

Los británicos interceptaron el telegrama Zimmermann. Lo descodificaron y se lo mostraron a los estadounidenses.

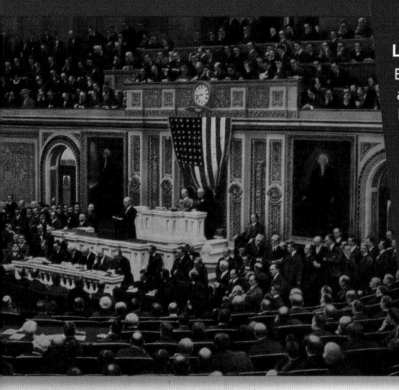

La Liga de las Naciones

El presidente Wilson dio un discurso a la nación sobre la construcción de la paz después de la guerra. Habló sobre la libertad de los mares y la reducción de armas. Habló sobre el derecho de las naciones a gobernarse a sí mismas. También habló sobre construir la Liga de las Naciones. Creía que la Liga de las Naciones podría ayudar a los países a resolver las diferencias y evitar ir a la guerra.

El pasado de Pershing

Antes de la Primera Guerra Mundial, Pershing estuvo un tiempo combatiendo contra los indígenas de las llanuras. También combatió en la guerra hispano-estadounidense. Comandó una unidad de caballería especial durante parte de ese tiempo. Su unidad estaba conformada por afroamericanos. Eso era algo muy poco común en el siglo XIX.

El general Pershing se prepara para ir a la guerra. Cuando Pershing regresó a su país tras la guerra, escribió un libro sobre sus experiencias.

Artículos sobre la guerra

Elizabeth Shepley Sergeant era periodista. Hizo un largo viaje hasta los frentes. Escribió informes para el periódico *New Republic*. Sergeant sufrió heridas graves durante la guerra. Después de la guerra, escribió un libro sobre lo que vio. El libro se tituló *Figuras de la sombra: El diario de una mujer herida*.

Bonos de libertad

El presidente Wilson sabía que la guerra sería costosa. Decidió recaudar dinero para ayudar a pagar la guerra a través de la venta de bonos de libertad. Los bonos de libertad se podían canjear por su valor original más intereses.

Every LIBERTY BOND is a shot at a U BOAT

FIRE *YOUR* SHOT TO-DAY

BUY A LIBERTY BOND

El frente civil

El presidente Wilson necesitaba que los estadounidenses apoyaran la guerra. Para lograrlo, creó el Comité de Información Pública. Este comité usaba los medios de comunicación para difundir **propaganda** antialemana. Esperaba que esta propaganda aumentara el apoyo a la guerra.

En gran parte, este plan funcionó. Las orquestas se negaron a tocar sinfonías de compositores alemanes. Los ciudadanos a lo largo de Estados Unidos quemaron libros escritos en alemán. En algunas ciudades, no se le permitía a nadie hablar en alemán. Comunidades enteras se unieron para apoyar la guerra. Los jóvenes partieron para combatir con orgullo y alegría. Veinticuatro millones de hombres se registraron para el reclutamiento. Se enviaron más de seis millones para prestar servicio.

Sin embargo, no todos apoyaban la guerra. Algunos hombres intentaron evitar el servicio. A estos hombres se les llamó **desertores**. El gobierno de Estados Unidos empleó miles de voluntarios para dar caza a los desertores. Y más de 65,000 estadounidenses se negaron a luchar en la guerra por razones religiosas.

Este afiche se imprimió en 1914. Muestra a Madre Rusia parada sobre los líderes de Alemania y Austria-Hungría.

Hasta los niños ayudaron a financiar el esfuerzo de la guerra. Podían comprar estampillas de ahorros de guerra por una moneda de veinticinco centavos. Si los niños reunían suficientes estampillas, las podían intercambiar por bonos de libertad.

Ases en el cielo

Solo unos pocos años antes de la guerra, Wilbur y Orville Wright habían realizado el primer vuelo tripulado. Durante los siguientes años, los aviones cambiaron mucho. Volar durante la Primera Guerra Mundial era muy peligroso. Al principio, se usaron aviones de guerra para espiar al enemigo. Poco después, se usaron aviones con ametralladoras delante de los pilotos. Estos aviones derribaban los aviones enemigos. A veces, las balas de un arma golpeaban la hélice del propio avión y causaban que el avión se estrellara. Los alemanes inventaron un arma que se detenía cuando la hélice pasaba ante ella.

En muy poco tiempo, Alemania usó bombarderos. Algunos de los bombarderos alemanes podían llevar bombas que pesaban hasta 660 libras (299 kg). En una ocasión, los bombarderos alemanes lanzaron 72 bombas en el centro de Londres. Los aviones que usaban los británicos no podían volar lo suficientemente alto para llegar a los bombarderos. Por lo tanto, los alemanes no perdieron ni un solo bombardero durante este ataque.

Las Fuerzas Aliadas comenzaron a desarrollar su propio poder aéreo. Gran Bretaña había comenzado la guerra con 63 aviones. Al final de la guerra, el país tenía 22,000 aeronaves. Gran Bretaña emergió de la Primera Guerra Mundial como la potencia aérea más fuerte del mundo.

Para ser considerado un "as", un piloto tenía que derribar cinco aeronaves enemigas. Era una tarea un poco más fácil si uno volaba este avión, un Sopwith F1 Camel.

El estadounidense Eddie Rickenbacker no solo volaba a gran velocidad, sino que también conducía sus automóviles a gran velocidad. Fue piloto de carreras antes de convertirse en piloto de combate.

Aprender a volar

Katherine Stinson fue la cuarta mujer en el mundo en recibir una licencia de piloto de avión. Les enseñó a sus hijos, Marjorie y Eddie, a volar. En conjunto, la familia entrenó a muchos pilotos de combate que volaron en la guerra.

¿Qué es un Sopwith Camel?

El Sopwith F1 Camel se convirtió en el avión de combate con mejores resultados para los Aliados. Con este modelo, era más fácil derribar las aeronaves alemanas. Este avión podía hacer giros muy pronunciados a grandes velocidades. A los pilotos les agradaba usar este avión porque era muy fácil de volar.

La Revolución rusa

Mientras las tropas rusas combatían en la Primera Guerra Mundial, los **ciudadanos** rusos estaban disconformes. No les agradaba la vida bajo el gobierno del **zar** Nicolás II. Los rusos acababan de perder una guerra con Japón en 1905. Sus ejércitos no estaban preparados para otra guerra. Tantos soldados murieron que el zar obligó a los agricultores a tomar sus lugares. Cuando los agricultores se fueron, nadie pudo arar los campos. El pueblo comenzó a pasar hambre. Los rusos enfadados se manifestaron causando disturbios en las calles de la ciudad capital. Algunos soldados incluso se unieron a la multitud.

Un hombre llamado Vladimir Lenin quería que la situación cambiara en su país. Apoyaba el **comunismo**. Esto significa que el gobierno controla la vida de las personas. En 1917, lideró a los ciudadanos en la Revolución rusa. Tomó el control del gobierno. Cuando Lenin subió al poder, retiró las fuerzas rusas de la guerra. Lenin organizó al país en varias secciones autónomas. Estas secciones formaron la Unión de Repúblicas Socialistas Soviéticas o URSS.

Los manifestantes marchan a través de San Petersburgo durante la Revolución rusa en 1917.

La venganza de Lenin

Cuando Lenin tenía 17 años de edad, a su hermano Alexander lo ahorcaron por conspirar para matar al zar. A causa de esta tragedia, Lenin odiaba profundamente la Rusia bajo el gobierno de los zares.

El regreso de Lenin

Las ideas de Lenin no eran populares en el gobierno del zar. Entonces, arrestaron a Lenin y lo enviaron al **exilio**. En 1917, los alemanes hicieron arreglos para que Lenin regresara a Rusia. Creían que Lenin y sus seguidores provocarían malestar en Rusia. Este malestar pondría a los rusos en contra de la guerra. De ese modo, Alemania tendría una ventaja en la guerra.

Esta pintura muestra a los rebeldes atacando a los líderes rusos en el Palacio de Invierno. Esto fue durante la Revolución rusa.

23

Las Potencias Centrales casi ganan

A comienzos de 1918, parecía que las Potencias Centrales ganarían la guerra. Rusia estaba fuera de la guerra. Un gran número de tropas estadounidenses no habían llegado a Francia aún. Además, las tropas alemanas estaban próximas a tomar París, la ciudad capital de Francia.

Pero las tropas alemanas se estaban debilitando. No tenían las provisiones suficientes. Los hombres comenzaban

Reunión en Versalles

En 1918, el gobierno alemán envió una carta al presidente Wilson. Pedía una **tregua** y el inicio de las conversaciones de paz. El presidente Wilson fue a las conversaciones de paz que se realizaron en Versalles, Francia. El 28 de junio de 1919, finalmente se firmó el Tratado de Versalles.

Poder femenino

Más de 13,000 mujeres se alistaron en el ejército y la marina durante la Primera Guerra Mundial. La mayoría eran enfermeras o "Hello Girls". Las "Hello Girls" eran operadores telefónicas bilingües. Estas mujeres hablaban dos idiomas y ayudaban a transmitir información entre las personas importantes durante la guerra.

Hombres y mujeres celebran en las calles de la ciudad de Nueva York. Alemania se había rendido.

Soldados estadounidenses felices bailan con las mujeres en las calles de Francia.

a sentir hambre. Hubo huelgas y **motines** entre los soldados alemanes. La red de ferrocarriles de Alemania se estaba cayendo a pedazos. La comida y otras provisiones importantes se estaban acabando.

En noviembre de 1918, Alemania pidió que se iniciaran las conversaciones de paz con los Aliados. Después de más de cuatro años, los soldados alemanes se **rindieron**. El 11 de noviembre de 1918, Alemania firmó un acuerdo de **armisticio**. Se escucharon gritos de alegría en todo el mundo. Soldados franceses, británicos y estadounidenses desfilaron por las calles de París. En Londres, las mujeres y los niños bailaron en las calles.

Todo cambia

Alrededor del mundo, la guerra lo había cambiado todo. Algunos países grandes se dividieron. Se formaron estados nuevos y más pequeños. Checoslovaquia y Yugoslavia fueron dos de estos nuevos estados. Las colonias alemanas en África y Asia cayeron bajo el control británico o japonés. El mundo era un lugar diferente después de 1918.

Adolf Hitler

Los Aliados no tenían idea de que un alemán llamado Adolf Hitler los estaba observando. En los siguientes 20 años, llegaría al poder en Alemania. Ganó el apoyo al hablar contra el tratado de la Primera Guerra Mundial. Los alemanes consideraban que era muy injusto para ellos.

Los alemanes tomaron esta trinchera británica. La vida en las trincheras no era fácil.

Pérdidas y responsables

Los historiadores solo pueden estimar el número total de soldados que murieron en la Primera Guerra Mundial. Muchos soldados murieron a causa de las terribles condiciones de las trincheras. A veces, se dejaban allí a los soldados heridos y morían solos. Los hombres que no eran rescatados por lo general se desangraban hasta morir. El enemigo capturaba y mataba a algunos soldados heridos. A medida que continuaba la guerra, los gobiernos dejaron de informar cuántos morían. Con cifras tan altas, los ciudadanos renunciaban a combatir en la guerra.

Los Aliados ganaron la guerra. Entonces, decidieron cuáles serían las condiciones del tratado de paz. Alemania debía renunciar a sus colonias. Los Aliados obligaron a Alemania a acabar con su fuerza aérea y su marina. El tratado le permitía a Alemania conservar un ejército de solamente 100,000 hombres. La guerra les costó a los Aliados mucho dinero. Entonces, esperaban que Alemania les devolviera ese dinero. Esto fue una pesada carga para Alemania. Los alemanes se quejaron. Sin embargo, las Fuerzas Aliadas obligaron a los alemanes a aceptar toda la responsabilidad por la guerra. Algunos consideraron que esto no era justo.

Una enfermera atiende a un soldado herido de gravedad. Cientos de miles de soldados sufrieron heridas durante la guerra.

Qué significa la Primera Guerra Mundial hoy

Para comprender el mundo actual, se debe mirar hacia el pasado, al comienzo de la Primera Guerra Mundial. Muchos problemas en Medio Oriente vienen de esa época. Los británicos derrotaron a los turcos, cuyas tierras estaban en Medio Oriente. Después de la guerra, se acordó que el pueblo judío necesitaba una patria propia. Se hablaba de darles tierras en Palestina. Tomó 20 años, pero este fue el primer paso en la creación de Israel. Hoy, israelíes y palestinos luchan entre sí por estas tierras. Los británicos también trazaron fronteras que todavía separan a grupos de personas en Irak. En la actualidad, estos grupos todavía combaten entre sí.

Los soldados que combatieron en la Primera Guerra Mundial pensaron que combatían una guerra que pondría fin a todas las guerras. Creían que, por su importancia, nunca sería olvidada. Sin

Soldados desfilan por la calles de Mineápolis después de regresar a su país tras la guerra.

embargo, la gente de hoy sabe poco sobre esta guerra. A veces, se la llama la guerra olvidada. No hay grandes monumentos nacionales en honor a los hombres que combatieron. Aun así, los efectos de esta guerra todavía impactan la vida en la actualidad. Y la Primera Guerra Mundial preparó el camino para la siguiente gran guerra, la Segunda Guerra Mundial.

Territorios que perdió Alemania

Territorios que perdió Rusia

Territorios que perdió Bulgaria

Territorios que perdió Austria-Hungría

Premio Nobel de la Paz de 1919

El presidente Woodrow Wilson recibió el Premio Nobel de la Paz en 1919. Ganó este premio por su trabajo para establecer la Liga de las Naciones y el Tratado de Versalles.

Una potencia mundial

Estados Unidos no quería estar en esta guerra. Sin embargo, el país salió de la guerra como una potencia mundial.

Este mapa muestra cómo cambió el mundo después de la Primera Guerra Mundial.

Glosario

alianzas: asociaciones estrechas entre naciones u otros grupos

armisticio: un fin temporal de un combate mediante un acuerdo entre las partes; una tregua

asesinó: que murió por un ataque sorpresa; por lo general una persona destacada por razones políticas

batallón: un grupo grande de tropas organizadas

catástrofes: tragedias o desastres que dañan a las personas

ciudadanos: personas que viven en un país

comunismo: una política económica en la que el gobierno distribuye toda la tierra y bienes equitativamente al pueblo

desertores: hombres reclutados para el ejército pero que huyen de ese deber

estados bálticos: tres países a lo largo del mar Báltico: Lituania, Letonia y Estonia

exilio: ausencia forzada de la patria

frentes: las áreas de contacto directo entre las fuerzas de combate opuestas

imparcial: que trata o que afecta a todos por igual

motines: momentos en los que las personas se rebelan contra sus líderes

movilizó: reunió, preparó o puso en marcha

municiones: armas, incluidas las balas, las pistolas y la pólvora para la fabricación de bombas

neutral: no alineado con ningún bando en una guerra, conflicto o disputa

portuaria: un lugar en una vía fluvial con instalaciones para la carga y descarga de barcos

propaganda: material que distribuyen las personas con un cierto punto de vista que trata de convencer a otros de ese mismo punto de vista

provincias: territorios gobernados como unidades administrativas o políticas de los países o imperios

rindieron: renunciaron o cedieron; no ganaron

tregua: un fin temporal de un combate por acuerdo de los bandos opuestos de una guerra; armisticio

trincheras: zanjas o surcos profundos

zar: un gobernante o emperador de Rusia hace mucho tiempo

Índice analítico

Créditos de imágenes